LA PERSONNALITÉ MORALE

PAR

M. LE Mis DE VAREILLES-SOMMIÈRES

DOYEN DE LA FACULTÉ DE DROIT
A L'UNIVERSITÉ CATHOLIQUE DE LILLE.

(Extrait de la REVUE DE LILLE, *1900)*

SUEUR-CHARRUEY
IMPRIMEUR-LIBRAIRE-ÉDITEUR
ARRAS   PARIS
10, Rue des Balances   Rue de Vaugirard, 41

LA PERSONNALITÉ MORALE

PAR

M. LE Mis DE VAREILLES-SOMMIÈRES

DOYEN DE LA FACULTÉ DE DROIT
A L'UNIVERSITÉ CATHOLIQUE DE LILLE.

(Extrait de la REVUE DE LILLE, *1900)*

SUEUR-CHARRUEY

IMPRIMEUR-LIBRAIRE-ÉDITEUR

ARRAS   PARIS

10, Rue des Balances   Rue de Vaugirard, 41

LA PERSONNALITÉ MORALE

1. — Je me fais un devoir de donner aux lecteurs de la *Revue de Lille* un aperçu des doctrines auxquelles m'ont conduit, touchant la personnalité morale ou civile, l'étude et la méditation. Je les développerai et démontrerai pleinement dans un prochain ouvrage. C'est une esquisse, presque un simple programme, que je trace aujourd'hui.

Ma conviction profonde, définitive, est que, sur la personnalité morale, les jurisconsultes du xixe siècle ont été victimes d'un mirage qui s'est produit pendant la tourmente révolutionnaire et qui les a égarés, à mille lieues des réalités, dans le domaine de l'imagination pure.

Le mirage ne les a pas tous conduits dans le même champ de la fantaisie. Ils se sont divisés en deux troupes principales. L'une s'est arrêtée à l'hypothèse de la personne fictive légale. L'autre, peu satisfaite, et pour cause, de cette conception, a poussé plus loin et transporté ses tentes dans l'hypothèse de la personne composée réelle et naturelle.

I

Théorie de la personne fictive légale. — 2. D'après cette théorie qui, en France, domine encore à l'École et règne dans la jurisprudence, la personne morale est une personne fictive créée par le souverain.

Le souverain la crée, quand bon lui semble, soit dans les sociétés (les modernes entendent par là les associations qui poursuivent des bénéfices, c'est-à-dire une *augmentation* de patrimoine) soit dans les associations proprement dites (les modernes entendent par là les associations qui poursuivent tout autre but que des bénéfices), soit dans les fondations directes (on entend par là les fondations qui ne sont pas remises aux mains d'une personne dénommée ou d'une association préexistante).

3. — Cette création a des effets pratiques considérables.

Ils ne sont pas les mêmes dans la société, dans l'association et dans la fondation.

4. — Dans la société, la personne morale est cause : 1° que la part d'associé est pour le tout mobilière même si le fonds social comprend des immeubles ; 2° que les associés peuvent plaider sous un nom collectif; 3° que les créanciers sociaux ont sur les biens sociaux un droit de préférence contre les créanciers personnels des associés ; 4° que la compensation partielle est impossible entre une créance sociale contre un tiers et une créance de ce même tiers contre un des associés, impossible aussi entre une dette sociale envers un tiers et une dette du même tiers envers un associé. Je passe sous silence quelques autres effets plus menus.

5. — Dans l'association, elle produit, outre ces mêmes effets, un effet bien plus remarquable encore, un effet capital : elle est cause que l'association peut posséder.

Sans le secours d'une personne fictive légale, les associés qui ne poursuivent pas des bénéfices mais qui poursuivent licitement tout autre but licite sont dans l'impuissance de posséder des biens appliqués à la satisfaction de leur goût commun. Cela ne leur est pas défendu, mais cela, nous dit-on, leur est impossible. Les apports qu'ils font, les produits de leur travail, les donations qu'ils reçoivent, les plus-values de tous ces biens, rien de tout cela ne peut leur appartenir et ne leur appartient. Seule, encore une fois, une personne fictive légale peut être propriétaire de biens appliqués à la poursuite d'un but social, quand ce but n'est pas un accroissement de richesse.

Si le souverain n'a pas créé cette merveille, les apports, les produits du travail, les économies, les plus-values n'appartiennent à personne : les associés se sont dépouillés et ont travaillé au profit du néant. L'Etat peut prendre ces biens sans maître, les meubles comme les immeubles.

Quant aux donations et aux legs, ils sont nuls faute de destinataire. Les associés n'étaient, bon gré, mal gré, que des personnes interposées entre le donateur et le néant.

6. — Dans la fondation directe, la personne fictive légale est aussi le seul sujet de droit possible, et si le souverain ne fournit pas à la fondation cet indispensable support, l'opération ne peut aboutir ; c'est encore une disposition au profit du néant.

7. — Le souverain, qui crée à son gré la personne fictive légale, peut la détruire quand il lui plaît et faire évanouir avec elle tous ses effets. Donc, s'il la supprime dans l'association ou dans la fondation, les biens dont elle était l'unique propriétaire se trouvent sans maître et reviennent à l'Etat, qui fera preuve d'une grande modération s'il veut bien rendre aux donateurs le montant de leurs libéralités, aux associés le montant de leurs apports, et se contenter de garder les produits du travail des associés, les économies et les plus-values.

Critique. — 8. — Toutes les assertions dont se compose cette conception sont un défi à la raison, à l'histoire, à l'observation, aux principes du droit.

9. — D'abord, l'esprit ne comprend pas que le législateur soit obligé de recourir au truc d'un personnage artificiel pour obtenir certains résultats pratiques. Il est tout puissant, il peut aller directement au but et n'a pas besoin de chercher dans une invention épique le moyen de prendre les mesures qui lui paraissent justes et utiles. Et s'il n'est pas forcé de prendre ce détour, comment croire qu'il s'amuse à ce jeu puéril ? La fiction, l'hypothèse, est un procédé d'investigation scientifique, ou encore un procédé de conception, d'exposition, d'enseignement : elle ne peut pas être, elle n'est pas un procédé législatif.

10. — De fait, le législateur, jusqu'à nos jours, n'a jamais prétendu créer une personne fictive. Ni en droit romain, ni dans l'ancien droit, ni dans le Code civil, il n'existe une loi, un article, qui fasse mine de créer une personne morale (1).

On nous montre un ou deux textes, l'article 529, du Code civil notamment, dans lesquels le législateur accomplirait ce grand œuvre tacitement et modestement. Une personne fictive créée dans

---

(1) La personnalité morale n'est même pas *mentionnée* une seule fois dans les actes législatifs de Rome, de l'ancien droit, et, jusqu'en 1884, du nouveau droit français.

une devinette, voilà ce qu'on veut nous faire accepter. Mais, pour peu qu'on regarde ces dispositions, on constate qu'elles ne veulent dire que ce qu'elles disent, qu'elles ne proposent aucune énigme, qu'elles se justifient tout simplement par leur sagesse et leur utilité pratique et qu'elles ne supposent aucun mystérieux prodige.

Seules quelques lois toutes récentes, françaises ou étrangères, se sont mises à parler de la personnalité civile et semblent croire, sur la foi de l'École, qu'elles ont le pouvoir de la créer et des raisons de le faire.

11. — Si un législateur, gagné par ces illusions, prononce sérieusement le *fiat* créateur d'une personne morale, il ne crée rien du tout. La personne fictive dont il décrète l'existence n'existe qu'à l'état d'hypothèse notoirement fausse, et cette hypothèse, comme on va le voir, n'a aucun effet utile. Qu'est-ce qu'une hypothèse fausse et vide d'effet? Ce n'est rien. Le législateur aurait gravement créé le néant.

12. — L'hypothèse est absolument vide d'effet : il est facile de constater, si on se livre à une observation tant soit peu attentive, qu'aucun des effets qu'on a attribués dans ce siècle à la personnalité civile et qu'aucun de ceux qu'on pourrait essayer de lui attribuer ne découle de cette cause vaine.

13. — La personnalité civile n'est nullement nécessaire pour opérer et justifier l'ameublissement des parts d'associé dans les sociétés de finance, de commerce et d'industrie qui possèdent des immeubles. Le législateur peut opérer directement cet ameublissement comme il opère directement ailleurs l'immobilisation de certains meubles (immeubles par destination), et les immenses avantages pratiques de cette disposition, sa conformité presque certaine aux résultats futurs du partage (car les immeubles sociaux seront presque toujours licités), en sont la justification suffisante.

Il y a plus. Non seulement la personnalité civile n'est pas nécessaire pour opérer et expliquer l'ameublissement de la part d'associé, mais elle n'aurait nullement cet effet pour conséquence logique. Elle transformerait bien le droit de propriété des associés sur le fonds social en une sorte de créance contre la personne morale ; mais cette créance aurait pour objet non seulement une part dans les bénéfices mais une part dans les biens que possèdera la société à la dissolution : or, ces biens peuvent comprendre des immeubles, et les créances, tout autant que les droits réels, tirent de leur objet la nature immobilière ou mobilier.

14. — La personnalité civile n'est pas davantage nécessaire pour que le droit de plaider sous le nom collectif soit reconnu aux groupes qui ont un tel nom. Il suffit là encore que ce procédé soit commode, économique, pratique, et le seul pratique, pour que le législateur ait le devoir de le permettre et même de l'imposer. Comment peut-on croire un seul instant que le législateur ait besoin d'accomplir un petit prodige obscur pour s'autoriser lui-même à donner satisfaction au bon sens et aux nécessités pratiques ? Si les deux millions d'actionnaires de la Compagnie de Suez peuvent et doivent pouvoir plaider sous un nom collectif, est-ce uniquement, est-ce même pour une part, je le demande, parce que la société serait érigée par la loi en personne morale, ou n'est-ce pas tout simplement parce qu'il serait insensé de les obliger, d'obliger leurs adversaires et le juge à coucher deux millions de noms dans les exploits et dans les jugements ?

Qu'on ne dise pas que dans notre droit du moins la vieille règle *nul ne plaide par procureur hormis le roi* s'oppose à ce que les groupes dépourvus de la personnalité fictive plaident sous leur nom collectif.

Si cet obstacle artificiel se dressait devant les exigences de la raison et de la pratique, le législateur devrait, non pas le tourner ou l'éluder par un tour de magie juridique, mais le supprimer avec empressement.

Mais l'obstacle est imaginaire. La règle *nul ne plaide par procureur* et la faculté pour un groupe quelconque de plaider sous le nom collectif qui le détermine ne sont nullement en contradiction. La règle veut que le plaideur figure en nom dans l'instance, c'est-à-dire y soit désigné d'une façon précise, qui lui permette de se reconnaître et qui permette à ses adversaires de le connaître. Elle ne s'oppose point à ce qu'il soit, à l'occasion, désigné par un surnom ou par une qualité qui l'indique aussi clairement et parfois plus clairement que son nom. Or, tous les associés sont nettement et individuellement désignés par le nom collectif, par le surnom commun qu'ils portent, et par la qualité d'associés dans telle société.

L'administrateur qui les représente en justice n'est point un procureur qui ne révèle point pour qui il plaide. C'est un mandataire qui désigne très explicitement tous ses mandants en indiquant le nom collectif et la qualité commune qui permettent de les discerner à coup sûr. Il ne plaide pas pour des anonymes. Tous les associés figurent dans l'instance.

15. — Il est inexact que ce soit la personnalité civile qui seule engendre sur les biens sociaux un droit de préférence au profit des créanciers sociaux contre les créanciers personnels des associés.

Ce droit de préférence existe forcément dans toute société, dans toute association, et il découle directement d'un principe élémentaire, nécessaire, aussi ancien que le contrat par lequel on s'associe, formulé chez nous par l'article 1860 du Code civil. Ce principe, c'est que l'associé ne peut pas détourner sa part dans les biens sociaux de l'affectation convenue, de la poursuite du but commun ; c'est qu'il ne peut pas, par conséquent, comme le dit l'article 1860, aliéner ou engager dans une mesure quelconque les biens sociaux au détriment de ses coassociés. L'aliénation, l'engagement ne sont pas nuls en soi, mais ils ne sont pas opposables aux coassociés.

Or, si les créanciers personnels d'un associé participaient aux deniers provenant de la saisie d'un bien social, l'associé détournerait par là de la destination convenue une part de sa part ; il aurait valablement engagé une portion des biens sociaux. Les deniers qui proviennent de la vente d'un bien social sont encore un bien social ; ceux-mêmes qui ne sont pas absorbés par les créances sociales sont donc intangibles, pendant toute la durée de la société, pour les créanciers personnels. Tant que le contrat de société ou d'association n'a pas épuisé son effet, c'est-à-dire tant que toutes les opérations sociales ne sont pas closes et liquidées, tant que la dernière dette sociale n'est pas payée, ils doivent rester exclusivement affectés à l'entreprise commune et à ses suites.

16. — Il est inexact encore que ce soit la personnalité civile qui seule empêche la compensation partielle de se produire entre une créance sociale contre un tiers et une créance de ce même tiers contre un des associés, ou entre une dette sociale envers un tiers et une dette du même tiers envers un des associés. Ces sortes de compensations ne se peuvent pas plus produire quand la société n'est sûre-

ment pas personnifiée par la loi que lorsqu'elle l'est ou plutôt passe pour l'être.

La première compensation ne peut jamais se produire parce qu'elle permettrait à l'associé de détourner du fonds social provisoirement, et même, s'il est insolvable, définitivement, une valeur qui doit constamment rester affectée à l'entreprise. Le principe déposé dans l'article 1860 du Code civil serait violé. Les coassociés ont le droit acquis de s'opposer à ce que l'un d'eux reçoive directement et isolément sa part dans la créance sociale.

La seconde compensation ne peut jamais se produire parce qu'elle forçerait l'associé créancier à payer de prime saut sur son avoir personnel une dette sociale, alors que peut-être la société est de celles où les associés ne sont pas tenus sur leurs biens propres, et qu'à tout le moins l'associé n'est tenu sur ses biens propres que subsidiairement et si la caisse sociale, mise en demeure, ne paye pas.

Le grand, on peut dire le seul principe en matière de compensation, c'est qu'elle n'est juste et possible qu'à la condition de donner exactement les mêmes résultats que le double paiement effectif qu'elle supprime et remplace. Or, la compensation, dans les cas indiqués, donnerait des résultats radicalement différents de ceux que doivent donner les paiements effectifs.

17. — La thèse que l'association proprement dite, les associés qui ne poursuivent pas des bénéfices, ne peuvent pas posséder comme associés sans le secours d'une personne fictive légale, est le plus étonnant paradoxe qui ait jamais vu le jour. Et ce qui est bien plus étonnant encore que ce paradoxe, c'est le succès qu'il a obtenu, c'est la facilité avec laquelle il s'est fait accepter comme une vérité certaine par la masse des esprits en France et ailleurs.

18. — Rien en droit philosophique, rien non plus en droit positif français ni dans aucune législation connue, ne s'oppose à ce que les associés possèdent par eux-mêmes les biens qu'ils jugent bon d'appliquer à la poursuite d'un but social autre que des bénéfices. Vivants et capables, ils ont tout ce qu'il faut pour être sujets de la propriété de biens dont ils font l'emploi convenu entre eux.

S'il n'y a aucune raison pour qu'un individu cesse d'être propriétaire des biens qu'il consacre à la poursuite d'un but non producteur de bénéfices, il n'y en a pas davantage pour que plusieurs individus cessent d'être propriétaires des biens qu'ils appliquent de concert à la poursuite d'un tel but.

Si je puis affecter isolément une partie de mon patrimoine à la satisfaction de mes goûts artistiques, à l'acquisition du savoir, au plaisir du sport, à la propagande de mes idées, au soulagement des misères qui m'entourent ; si je puis être propriétaire de tableaux, de statues, d'un piano, d'une bibliothèque, d'une chapelle domestique, d'une école, d'un hôpital, tous biens qui ne produisent pas de bénéfices, quatre, dix, vingt, cent personnes peuvent tout aussi naturellement affecter ensemble une partie de leur fortune à la poursuite des mêmes fins et être propriétaires, soit indivisément, soit divisément, de ces mêmes biens, harmonieusement tournés vers une de ces fins.

Elles peuvent s'obliger réciproquement à cette coopération. Le contrat d'association, quand le but et les moyens sont licites, est incontestablement valable : rien ne lui manque de ce qui est essentiel à un contrat. Par conséquent, les associés doivent effectuer les apports promis et les maintenir pendant la durée convenue de l'entreprise.

L'association, non pas l'association transfigurée ou plutôt défigurée en une sorte de divinité fabuleuse, mais l'association à l'état de nature, l'association réelle, c'est-à-dire les associés, peut donc posséder tous les biens nécessaires à l'obtention du résultat cherché, et cela en vertu des droits élémentaires de l'individu et des principes les plus certains des contrats.

19. — En ce qui concerne les dons et legs adressés à l'association, ni la raison, ni notre droit, ni, on peut en être sûr, le droit d'aucun peuple, n'exige non plus, pour leur validité, la pseudo-création d'un donataire fictif. La libéralité s'adresse aux associés, car l'association n'est rien autre chose que les associés pris en cette qualité. Elle leur est faite avec une charge, avec la charge d'appliquer le bien donné à la poursuite du but social jusqu'au terme fixé par le pacte social. Les libéralités avec charge sont valables dans toutes les législations du monde. Si je puis valablement donner cent mille francs à un jeune savant à la condition qu'il ira faire des recherches épigraphiques en Phénicie, je puis tout aussi valablement donner la même somme sous la même condition à dix jeunes savants

associés déjà pour cette entreprise, et le truc ridicule d'une personne fictive est aussi inutile au second cas qu'au premier.

20. — Remarquez que la différence énorme établie par la doctrine classique en France entre la société, qui peut posséder et recevoir sans le secours de la personnalité civile, et l'association proprement dite, qui ne le pourrait pas, est en soi inexplicable, car la société et l'association, telles qu'on les définit aujourd'hui, sont philosophiquement de même nature et ne se distinguent que par un détail insignifiant A n'importe quel point de vue, la poursuite de bénéfices *stricto sensu* est le fondement le plus arbitraire et le moins satisfaisant qu'on puisse donner à une division générale des associations.

Quelle raison y a-t-il de distinguer, ne fût-ce que par le nom, le contrat par lequel quatre personnes s'associent pour acquérir un surcroît de richesse et celui par lequel quatre personnes s'associent pour éviter une diminution de richesse ? Le contrat par lequel dix personnes s'associent pour gagner de l'argent, moyen de se procurer tous les avantages, tous les plaisirs, toutes les satisfactions, et le contrat par lequel dix personnes s'associent pour se procurer immédiatement à frais commun un des avantages, une des satisfactions qu'on acquiert avec l'argent ?

21. — Cette division, qu'on a cru devoir tirer de l'article 1832 du Code civil, est toute moderne. Ni le droit romain, ni l'ancien droit ne l'ont connue.

La seule division générale des associations qui soit raisonnée et utile, c'est celle qui les distingue, non d'après leur but, mais d'après l'ampleur qu'elles peuvent prendre et la durée qu'elles peuvent avoir ; c'est celle qui oppose l'association fermée, nécessairement étroite et temporaire, à l'association ouverte, susceptible de s'élargir et de se prolonger indéfiniment ; l'association formée entre un nombre déterminé et fixe de personnes à l'association qui admet l'adjonction de nouveaux membres, où peuvent entrer tous ceux qui ont telle qualité, telle profession, telle opinion.

Voilà la division qu'ont pratiquée les Romains et notre ancien droit. La première association s'appelait *societas*, société, la seconde, *collegium, universitas*, collège, communauté, corps.

22. — Nous avons peine à croire, disons-le en passant, que le Code ait voulu changer l'antique division. Le mot bénéfices dans

l'article 1832 n'a pas sans doute le sens étroit dans lequel on l'entend communément. Il signifie avantage, profit ; or, les jouissances artistiques, l'acquisition de la science, de l'adresse, de la force, le plaisir, la satisfaction d'un besoin ou d'un goût quelconque, est un avantage, un profit, un intérêt.

Le Code, sous le nom de société, embrasserait donc selon nous, toutes les associations formées une fois pour toutes par deux ou plusieurs personnes déterminées, quel que soit le but social.

Quant aux associations ouvertes, qui sont toujours en formation en ce sens que de nouveaux associés y peuvent toujours entrer sans l'assentiment unanime des associés primitifs, le Code les laisserait de côté, parce que, traditionnellement, elles étaient soumises au régime de l'autorisation spéciale et de la règlementation individuelle, et qu'on voulait maintenir ce régime.

Et c'est d'elles seules que s'occuperait le Code pénal sous le nom d'associations. Les collèges du droit romain, les communautés de l'ancien droit seraient les associations du Code pénal. Quel que soit leur but, les associations ouvertes seraient, comme autrefois, assujetties à l'autorisation, avec cette atténuation qu'elles sont dispensées de l'autorisation tant que le nombre de leurs membres ne dépasse pas vingt ou si leurs membres ne se réunissent pas ou s'ils habitent tous sous le même toit.

23. — La personne fictive légale n'est pas plus nécessaire dans la fondation que dans l'association.

Le fondateur n'adresse pas sa libéralité à une abstraction, à une idée, à un but, à un *nescio quid*, qui aurait besoin, pour pouvoir être propriétaire, d'une investiture légale de personnalité fictive. Il adresse sa libéralité à des hommes ; il offre un bienfait à des personnes véritables et capables d'être sujets de droit.

La fondation directe s'analyse en une donation avec charges faite à une multitude d'hommes vivants, à tous ceux qui remplissent actuellement telle condition de domicile, de résidence, de nationalité, de profession, souvent même à tous les hommes.

Les charges, car il y en a deux, sont d'abord d'appliquer la libéralité à tel besoin quand il viendra à se produire chez les donataires ; en second lieu, de communiquer la propriété du fonds et son usage aux personnes qui, dans l'avenir, rempliront les conditions voulues pour être aussi bénéficiaires de la fondation et accepteront de l'être. Cette donation est hérissée de stipulations pour autrui, pour les individus qui rempliront plus tard ces conditions, notamment celle de vivre.

24. — Bref, les sujets du droit dans la fondation directe sont tous les bénéficiaires vivants. Mais par bénéficiaires il faut entendre non pas seulement les personnes qui en fait appliquent les biens de la fondation à tel de leurs besoins déterminé par le fondateur, mais les personnes qui réunissent les conditions de domicile, nationalité, profession... prescrites expressément ou tacitement dans l'acte de fondation et moyennant lesquelles elles ont la faculté d'appliquer la fondation au besoin prévu, s'il vient à se produire chez elles. Avant même que le besoin existe, elles bénéficient de la fondation, car elle est pour elles un élément de sécurité, une richesse en réserve pour le jour où elles tomberont dans la nécessité d'en user matériellement.

L'hôpital fondé par un particulier pour recevoir les malades pauvres d'une commune n'est pas une donation faite seulement aux malades pauvres : c'est une donation faite à tous les habitants de la commune pour qu'ils en usent quand ils seront malades et pauvres.

25. — Les destinataires de la donation, étant des hommes, peuvent être propriétaires de la chose donnée, et il n'y a pas lieu d'attendre qu'une personne fictive descende du ciel législatif pour remplir d'office le rôle de sujet de droit.

26. — Seulement, si cette foule de destinataires est parfaitement apte à être propriétaire et à recevoir, elle est peu apte à exercer ses droits, à manifester sa volonté d'accepter le don, à en organiser l'administration.

C'est là que le législateur doit intervenir pour écarter des difficultés purement pratiques. Il doit faire pour cette foule ce qu'il fait pour les mineurs et les interdits, organiser un moyen d'exercer pour elle ses droits, désigner une autorité éclairée qui acceptera ou refusera pour elle et règlera l'administration ; ou mieux encore, fixer dans une loi les conditions générales moyennant lesquelles la fondation sera jugée sage et bienfaisante et présumée acceptée par ses innombrables destinataires, ainsi que les règles suivant lesquelles elle sera administrée.

27. — Il suit de ce qui précède que l'État qui s'empare des biens d'une association ou d'une fondation sous prétexte qu'elle n'a pas ou qu'elle n'a plus la personnalité civile, ne prend pas des biens sans maître, mais dépouille des personnes vivantes des biens qu'elles appliquent à la satisfaction d'un besoin ou d'un goût commun, des personnes qui usent du droit qu'a tout propriétaire de faire de sa chose ce qu'il veut. C'est une confiscation, un abus de pouvoir, une iniquité. L'État n'a pas plus le droit de prendre à dix ou vingt personnes les biens qu'elles affectent à l'art, à la science, à la gymnastique, à la charité…, que le droit de prendre à une seule personne les biens qu'elle affecte aux mêmes objets.

28. — L'État a seulement le droit, dans une législation bien faite, de veiller à ce qu'au cas où l'association se dissout prématurément, les biens que les associés tiennent soit des précédents associés par accroissement, soit des tiers par donation, continuent de recevoir la destination qui était la charge de leur acquisition.

Le droit pour les anciens associés et les donateurs ou pour leurs héritiers de demander la résolution de l'apport ou de la donation ne suffit pas à assurer le respect des contrats; car souvent la valeur transmise est trop minime pour mériter d'être réclamée en justice, et, dans le cas contraire, il peut se faire que les héritiers des anciens associés ou des donateurs, par oubli du passé, par indifférence ou par complicité, n'agissent pas, ou, après avoir agi, négligent eux-mêmes de remplir la charge voulue par leur auteur.

Le souverain doit prendre en main la défense de tous ces droits qui sont impuissants, ou qui s'ignorent, ou qui sont trahis; exproprier, légitimement cette fois, les membres de l'association dissoute des biens qu'ils ont reçus avec charge non remplie, et attribuer ces biens à un établissement similaire qui en fera, aussi exactement que possible, un emploi conforme à la volonté des stipulants.

29. — Le droit initial et naturel qu'on ne peut pas ne pas reconnaître, selon nous, aux associés, dans l'association et la fondation, de posséder comme tels, ne s'oppose pas, est-il besoin de le dire, à ce que le souverain limite l'étendue de la propriété collective, quand le bien public le réclame. Le souverain a toujours le droit de restreindre les droits naturels des sujets pour des raisons graves et certaines.

Le bien public ne peut guère réclamer de restrictions au droit de posséder des associations qu'en ce qui concerne les acquisitions *immobilières* des associations de *durée indéfinie.*

En dehors de là, le bien public n'a qu'à gagner à la richesse des associés, car rien n'est plus bienfaisant que l'association et par conséquent rien n'est plus fécond que les biens d'association.

II

Théorie de la personne composée réelle et naturelle. — 30. — D'après cette théorie, très répandue aujourd'hui en Allemagne et adoptée en France par un nombre toujours grandissant de jurisconsultes, la personne morale est un être réel et naturel, qui ne doit pas plus à la loi sa capacité que sa vie. La loi peut bien modérer cette capacité, et même, pour de bonnes raisons, ne pas la *reconnaître*, mais elle ne la *donne* pas.

31. — Cet être naît spontanément de l'agglomération de plusieurs individus et de l'amalgame de leurs activités.

Les individus, en s'associant, engendrent un être nouveau, composé d'eux-mêmes, mais distinct d'eux, un être véritable et qui est, comme eux, sinon un homme, du moins une personne.

L'association produit un vivant, et ce vivant c'est la personne morale.

Toute société, toute association a cette fécondité d'engendrer une personne, de devenir une personne nouvelle : c'est la société même, l'association même, c'est le tout formé par les associés, qui prend une vie propre, un *moi* propre.

Les adeptes de cette théorie aiment à dire que la société ou association est un organisme, c'est-à-dire un être vivant composé de plusieurs éléments constituants et coordonnés.

32. — Cet être, cette personne composée, est le seul et nécessaire propriétaire des biens appliqués à la poursuite du but social.

Etant réelle et naturelle, la personne morale est capable. Sa capacité est, comme celle de toute autre véritable personne, illimitée en soi. D'aucuns vont jusqu'à lui reconnaître l'aptitude aux droits de famille. Elle peut, d'après d'autres, se rendre coupable de crimes et de délits sans la participation consciente des associés et doit, si faire se peut, en porter seule la responsabilité.

33. — Ceux qui croient à l'existence de ce personnage ne le voient pas tous de la même manière et ne nous en donnent pas tous la même idée.

Les uns lui voient un corps. Son corps se compose de ceux des associés. Les associés sont les cellules qui, par leur agglutination, forment le corps d'un être plus vaste. Et dans ce corps, comme dans les autres, on peut découvrir, si l'on regarde bien, un appareil nervo-moteur, un appareil digestif, des muscles, des tissus, même un sexe.

Si elle a un corps, la personne *morale* est mal qualifiée : elle est, comme l'homme, une personne physique.

34. — D'autres, la plupart, ne lui voient point de corps et ne la font pas rentrer dans la série animale. Ils nous disent qu'elle est seulement « une volonté organique », ce qui veut signifier un être fait uniquement de diverses volontés, des volontés des associés, fondues en une seule substance. Ou bien ils nous disent qu'elle est « un faisceau de volontés », ou encore « une volonté collective, ayant une vitalité propre et indépendante, parfaitement une et parfaitement homogène ».

Pour ceux-là, la personne morale mérite bien son nom : elle est un être immatériel, quoique très réel ; elle est un organisme spirituel formé par les volontés, par les âmes des associés.

*
* *

Critique. — **35.** — L'être, la personne qui, d'après cette thèse, existe réellement dans l'association en dehors ou en outre des associés, ne tombe certainement pas sous nos sens.

Est-ce donc le raisonnement qui doit nous forcer à y croire, comme le calcul a suffi pour prouver l'existence d'une planète invisible ?

Nullement. Les arguments qu'on apporte à l'appui de cette audacieuse affirmation sont d'une extrême faiblesse et ne démontrent que son inanité.

36. — Ceux qui se persuadent que l'association est un animal, une personne physique, signalent ingénieusement un certain nombre d'analogies, qui existent, si l'on veut, entre l'association et l'animal.

Mais entre les choses les plus contraires il existe toujours des analogies ; et que prouvent quelques analogies quand les différences sont énormes et irréductibles ?

Nous avons montré ailleurs, au risque de tomber avec nos adversaires dans le ridicule, que les différences entre l'association et un véritable organisme ont en effet ce double caractère (1).

37. — Tous les croyants à la personnalité réelle de l'association s'évertuent à nous dire et redire que l'association est un tout, et que ce tout est distinct des parties, des associés.

Nous accordons tant qu'on voudra que les associés forment un tout, mais nous n'accordons pas que ce tout soit distinct d'eux et constitue un *être*, un être *vivant*, un être *pourvu d'intelligence propre*, un être *pourvu de volonté propre :* quatre conditions indispensables pour que ce tout soit une personne.

38. — Où est le lien entre ces deux idées : les associés sont un tout ; ce tout est une personne ?

Il y a un abîme entre elles. L'esprit de système peut le franchir d'un bond et sans le voir ; mais la logique n'a pas cette agilité ni cet aveuglement.

L'abîme ne serait comblé que par la démonstration de cette majeure : un tout composé de différents individus est toujours lui-même un individu du même genre.

Nous attendons qu'on fasse la démonstration.

39. — Avant de l'essayer, on fera bien d'appliquer le principe à des touts composés d'individus autres que des personnes. La singularité des résultats fera réfléchir et probablement reculer nos contradicteurs. Ils auront eux-mêmes quelque peine à souscrire aux propositions suivantes : un tout composé de moutons, un troupeau de moutons, est un mouton, un mouton moral ; un tout composé d'arbres est un arbre...

Ces assertions paraîtraient extravagantes : elles ne seraient pourtant ni plus singulières ni moins justifiées que celle ci : un tout composé de personnes est une personne.

L'habitude d'entendre employer à tort et à travers le mot de personne pour désigner d'obscures entités nous empêche seule de sentir tout ce que cette dernière a elle-même de paradoxal, de choquant et d'inacceptable.

40. — Si on ne perd pas de vue que la personne c'est, sinon l'homme, du moins l'être raisonnable et libre, est-il possible de pren-

(1) *Les principes fondamentaux du droit*, Paris, Pichon, p. 185.

dre au sérieux les affirmations suivantes : un bataillon est une personne ; le groupe des quatre partners qui jouent au whist est une personne ; le couple conjugal est une personne. Les soldats, les joueurs de whist, les époux, sont en effet des associés ; ils forment un tout ; or, on nous dit que toute association, que toujours le tout formé de personnes est une personne.

L'étrangeté de l'idée n'apparaît que confusément dans la proposition abstraite et générale : dans les applications concrètes, elle saute aux yeux et devient intolérable.

41. — Les adeptes de la personnalité réelle de l'association se sont complètement mépris sur ce qu'est un tout composé de diverses parties préexistantes. Ils n'ont pas vu que ce tout est un état de choses et non pas une chose, un fait plus ou moins prolongé et non un être, une forme et non une substance.

Ils ont pris un arrangement, une coordination, pour une substance, ce qui est une première et grave erreur. Puis ils ont prêté la vie, l'intelligence, la volonté, la capacité à cette substance illusoire, ce qui est l'hypothèse la plus arbitraire qui fut jamais.

42. — On nous dit que l'association n'est pas une simple addition des individus qui la composent.

Il est vrai qu'une simple addition d'individus ne donne pas une association : il faut en plus que ces individus coopèrent, librement ou obligatoirement, à une même entreprise. Mais cette coopération, libre ou obligatoire, ni ne transforme chaque individu en une autre personne, ni ne les transforme tous en une seule personne. Elle n'est qu'une manière d'être ou d'agir qui fait que l'individu est et s'appelle associé et que leur groupe est et s'appelle association.

L'association est autre chose que l'addition d'un certain nombre d'individus, mais elle n'est pas autre chose que l'addition des associés, c'est-à-dire d'un certain nombre d'individus qui s'entr'aident réciproquement.

43. — Un tout quelconque, composé de parties, n'est que l'ensemble de ces parties arrangées d'une certaine façon. L'arrangement, la forme, pas plus que le mouvement, n'ajoute rien à l'être, à la substance, à l'essence des choses. Ce sont des accidents qui augmentent ou diminuent l'utilité de l'être, de la substance, mais qui n'augmentent ou ne diminuent en rien l'être lui-même, la substance elle-même.

Une forêt n'est pas autre chose que des arbres nombreux et rapprochés. Un troupeau n'est pas autre chose que des animaux vivant côte à côte. De même l'association n'est pas autre chose que des individus s'aidant mutuellement et le plus souvent obligés de le faire par un contrat ou par la loi.

44. — La vérité certaine est donc qu'il n'y a dans l'association aucune autre substance, aucun autre être quelconque, surtout aucune autre personne que les associés.

Sans doute, par leur union et la coordination de leurs activités ils forment un tout : mais ce tout, c'est eux-mêmes. Ils sont tout dans ce tout.

45. — Sur quelle chimie ou quelle alchimie se fonde-t-on pour enseigner que deux ou plusieurs personnes peuvent se combiner en une autre personne ? Que des âmes, substances simples, indivisibles, inaltérables, peuvent perdre leur individualité dans une autre substance ? Que la volonté peut être détachée de son sujet primitif et devenir partie constituante de la volonté d'un autre sujet ?

Il est facile d'alléguer à la légère ces prodiges, mais impossible de les prouver et impossible d'y croire pour tout de bon.

46. — Dans cette théorie, toutes les sociétés, toutes les associations, de toute taille, de toute structure, de toute durée, sont des personnes morales, des personnes vivantes, distinctes des associés.

Donc, le mariage étant une association, tout couple conjugal, comme on l'a déjà remarqué, est une personne morale, et dans tout ménage il y a nécessairement trois personnes, dont l'une, celle que nos faibles sens ne voient pas, est la principale, est le propriétaire réel et nécessaire de tous les biens affectés au but social.

Quand deux amis s'associent pour faire un voyage, ils se trompent bien s'ils croient cheminer en tête-à-tête ; il y a un tiers avec eux, engendré par eux, mais distinct d'eux et seul propriétaire de la bourse commune.

47. — Les adeptes de cette théorie doivent être embarrassés pour expliquer comment les jurisconsultes romains et ceux de l'ancien droit, avec leur sagacité et leur finesse, personnifiaient seulement certaines associations parmi celles qui étaient licites et pouvaient posséder et acquérir.

La seule ressource est de dire que les anciens n'ont eu que des lumières partielles sur l'admirable génération qui s'opère dans l'association.

48. — Cette conception est née d'une légitime réaction contre les résultats choquants du précédent système, et ce qui a fait son succès, c'est la force et la justesse des critiques que ses promoteurs dirigeaient contre la thèse de la personne fictive légale ; c'est aussi l'équité de ses propres résultats.

49. — Il se trouve en effet que la théorie de la personne morale réelle et naturelle, qui est aussi contraire que l'autre à l'observation et au sens commun, du moins n'est pas contraire à la liberté et à la justice. D'un rêve maladif elle tire des conséquences pratiques excellentes. L'association licite, dans cette conception, peut posséder sans le secours arbitraire de la loi : ses biens ne sont jamais sans maître ; les donations qui lui sont adressées ne sont jamais sans destinataire. Le législateur peut restreindre sa capacité, limiter ses acquisitions, même les interdire, mais il ne le doit faire que pour d'impérieuses raisons et avec le plus de modération possible, car il est en face d'une personne véritable et d'une capacité naturelle.

50. — Mais le droit de posséder de l'association serait bien compromis encore s'il n'avait d'autre fondement que l'existence dans l'association, au-dessus des associés, d'une prétendue personne naturelle que la nature ne montre pas du tout.

Même si tout le monde voulait bien croire à cette personne invraisemblable, la propriété d'une personne qui n'est pas un homme, d'un être apocalyptique, d'un tout organique, d'un faisceau de volontés, d'un sujet de droits invisible, muet, apparemment insensible à la misère et même à l'injustice, ne paraîtrait à la plupart ni bien intéressante ni bien respectable.

Ce ne sera jamais la théorie de l'organisme social qui empêchera par des scrupules la spoliation des associations et qui soulèvera contre cette tyrannie l'opinion publique. L'homme n'est tenu en respect que par les droits de ses semblables et n'est ému que par les njustices dont il pourrait être personnellement victime.

51. — Heureusement on n'est pas réduit, pour défendre la propriété des associations, à soutenir que l'association est une personne fantastique.

Il suffit de montrer qu'elle est, non pas une personne, mais plusieurs personnes, plusieurs hommes, les associés, parfaitement capables de faire ce qu'ils veulent de leurs biens, donc de les mettre en commun et de les affecter à la poursuite du but qui leur plaît. Il suffit d'affirmer cette chose évidente que, de même que la liberté d'association n'est qu'une des applications de la liberté individuelle et de la liberté de contracter, de même la propriété collective ou sociale n'est qu'une des formes de la propriété individuelle ; qu'elle est la propriété de plusieurs individus, liés, chacun pour sa part, vis-à-vis des autres, par des obligations analogues à celles du locateur vis-à-vis du locataire.

III

Autres faux systèmes. — 52. — Je ne mentionne que pour mémoire un système connu en Allemagne sous le nom de *Zweckvermœgen* ou de théorie de Brinz.

D'après Brinz, le véritable et suffisant sujet de droit dans l'association et la fondation, c'est le patrimoine même appliqué à la poursuite d'un certain but. La *res ipsa* affectée à une fin est son propre propriétaire, est le créancier et le débiteur des créances et des dettes sociales.

La personne morale est donc, au fond, une chose, une masse de biens, les biens consacrés à un but, *Zweckvermœgen*. Cette chose a la capacité juridique ; elle est donc une personne.

53. — On ne discute pas une pareille thèse. Une chose, pour tout homme de sens, ne peut avoir ni droits ni dettes. Dire que le sujet de droit dans l'association et la fondation est une chose, c'est dire qu'il y a là des droits sans sujet, car un tel sujet équivaut à l'absence de sujet. Aussi donne-t-on souvent en Allemagne à cette théorie le nom de *théorie des droits sans sujet, die Lehre von den subjectlosen Rechten*. Ce nom, qu'elle mérite, la réfute assez par lui-même et la condamne.

54. — Cette théorie, qui est mourante dans son pays d'origine, en Allemagne, vient de recevoir chez nous, du moins en apparence, de M. Planiol, un secours tout à fait inattendu.

M. Planiol écrit que « sous le nom de personnes civiles, il faut « entendre l'existence de biens collectifs à l'état de masses distinc- « tes, soustraites au régime de la propriété individuelle ; par consé-

« quent ces prétendues personnes n'en sont pas, même d'une
« manière fictive : *ce sont des choses* (1). »

55. — Nous croyons pourtant que ce serait commettre une injustice que de juger M. Planiol sur ses formules et de le classer parmi les disciples de Brinz.

Sa pensée, qui a eu la force de briser les lisières des doctrines courantes, est encore vacillante et s'attrape à des termes qui la servent mal.

La preuve, c'est qu'il dit ensuite que les biens de l'association ou de la fondation sont l'objet d'une *propriété collective*. Si ces biens sont l'objet d'une propriété collective, ils ont donc plusieurs propriétaires ? Dès lors ne seraient-ce pas ces propriétaires que la pensée de M. Planiol aperçoit et veut montrer sous la fiction de la personne morale, et non les choses possédées par eux ?

A propos des fondations, M. Planiol fait cette excellente réflexion :
« Je ne sais du reste si la fondation ne devrait pas être considérée
« comme le patrimoine d'un groupe indéterminé de personnes. »

On peut être sûr que, pour M. Planiol, le sujet de droit dans l'association et la fondation, ce n'est pas une chose, ce sont les personnes qui ont sur la chose une propriété collective.

56. — M. Planiol a voulu dire seulement que la personnalité fictive *suppose* nécessairement une masse de biens collective, c'est-à-dire, appartenant à plusieurs, ce qui est vrai. Il a eu le mérite de voir que ce n'est point faute de personnalité fictive que certains établissements ne possèdent pas, mais que c'est faute de biens qu'ils ne peuvent être fictivement personnifiés. Il a vu et il dit que la personnalité civile est une conception purement doctrinale, donc n'est cause de rien mais l'expression d'une situation.

57. — Mais il s'arrête trop tôt dans cette bonne voie. Il ne voit pas encore que pour provoquer la fiction, l'existence de biens collectifs ne suffit pas et qu'il faut encore que les propriétaires se soient soumis, en ce qui concerne l'avoir commun, à un certain régime que nous appellerons plus loin le régime personnifiant.

La conception doctrinale de la personne fictive lui apparaît comme un moyen d'exprimer « un état particulier de la richesse », tandis

---

(1) *Traité élémentaire de droit civil*. Premier volume, p. 262, n° 675. Paris Pichon, 1900.

que la vérité exacte est qu'elle est un moyen d'exprimer les allures juridiques d'un groupe de copropriétaires.

58. — Aussi il met sur la même ligne, au point de vue de la personnalité civile, toutes les sociétés, toutes les associations, tous les groupes qui ont des biens. Sociétés civiles, sociétés commerciales, associations de toute structure, tout est personnifiable à ses yeux, du moment qu'il y a propriété de plusieurs. En cela M. Planiol ne se met d'accord ni avec les traditions, ni comme on le verra, avec les lois de la pensée.

IV

Origine de ces fausses doctrines. — 59. — Le point de départ commun de ces fausses doctrines est une erreur enfantine commise et appliquée par les théoriciens de la Révolution lors de la confiscation des biens du clergé et des autres associations.

Cette erreur a un nom bien connu dans la langue philosophique : elle s'appelle la *réalisation des universaux*.

60. — Ces hommes, qui, comme Rousseau leur maître, n'ont nourri en matière d'association que des idées fausses, et qui se laissaient volontiers duper par les mots, ne virent pas que les biens dits du clergé et des autres associations appartenaient, avec certaines charges et conditions, aux membres du clergé, aux associés, et s'imaginèrent qu'ils appartenaient à une substance vague, mais réelle et permanente, nommée clergé, corporation, et dont les associés n'étaient que les modifications et les manifestations transitoires.

Ils réalisaient un universal (1), un genre, une idée générale et abstraite. Ils faisaient un être de l'idée générale de clergé, du genre *associé dans telle entreprise*.

Puis ils soutenaient et prouvaient sans peine que cet être n'est pas une personne, n'est pas capable par soi-même d'être propriétaire, et ils concluaient que la loi seule peut lui conférer le rôle de personne et la faculté de posséder, et qu'elle peut les lui retirer.

Après avoir dépouillé les associés au profit de l'universal, ils dépouillaient l'universal au profit de l'État.

(1) Qu'on veuille bien me passer ce singulier, que n'admet pas Littré, mais qui me paraît légitimé par son utilité.

Comme être réel, l'universal, à leurs yeux, absorbait les individus et pouvait seul être propriétaire des biens de la corporation ; mais comme être incapable, il ne pouvait être juridiquement propriétaire de ces mêmes biens qu'en vertu d'une concession légale, d'une investiture légale de personnalité.

61. — La théorie de la personne fictive légale reproduit exactement ce sophisme.

Quand elle soutient que naturellement l'avoir social n'appartient pas aux associés, mais qu'il appartient *en fait* à une entité obscure, à ce que nos auteurs appellent une personne morale de fait, elle réalise un universal, un genre, l'idée générale d'associé dans telle entreprise ; elle noie les individus dans cette substance vague et les dépouille à son profit. Puis elle proclame que cette substance, que cette personne morale de fait ne peut pas être légitimement propriétaire si la loi ne l'élève pas à la dignité de personne morale de droit.

Ces jurisconsultes, par imitation, suggestion et habitude, se représentent fortement et toujours l'universal comme un être, comme une substance réelle, dont les associés ne sont que les apparences et les prête-noms. Seulement tantôt ils ne donnent à cet être que l'existence et lui refusent la capacité ; tantôt ils lui donnent à la fois l'existence et la capacité.

62. — La théorie de la personne morale réelle et naturelle procède de la même erreur.

Pour se séparer de la théorie précédente et pour la combattre, les inventeurs de *l'organisme social*, au lieu de rebrousser chemin, sont allés plus avant dans la voie où elle les avait entraînés ; ils ont réalisé l'universal encore plus vigoureusement et plus pleinement qu'elle ne l'avait fait.

Au lieu de voir dans l'universal un être incapable en soi, existant en fait mais impuissant et inexistant en droit tant que le législateur ne lui a pas donné une capacité artificielle, ils voient en lui un être naturellement capable, existant en droit comme en fait, sans aucune intervention législative.

La personne invisible, indescriptible, mais douée de vie, de volonté, donc d'intelligence, que cette théorie place pour tout de bon dans toute association, c'est encore, c'est toujours l'universal réalisé, non seulement *réalisé*, mais *personnalisé*.

63. — Et c'est encore sans nul doute l'universel que Brinz réalise et solidifie dans le fonds affecté à la fin sociale.

64. — Il ne faut pas avoir fait beaucoup de philosophie pour savoir et pour voir que les universaux n'ont aucune réalité et qu'il n'y a pas dans le monde d'autres substances que les individus ; et pour en conclure que la propriété collective *ne peut pas* être autre chose que la propriété de plusieurs individus. Hors la propriété des individus, il n'y a que rêverie et sophisme.

65. — Les jurisconsultes romains et ceux de l'ancien droit n'ont point fait ce faux pas philosophique.

Ils personnifiaient certaines associations, mais les modernes se trompent étrangement en croyant qu'il y a un rapport de filiation entre les idées des anciens et l'une ou l'autre des théories de ce siècle.

Jamais les anciens n'ont cru et dit que la personne morale est l'œuvre du législateur ou qu'elle est l'œuvre de la nature.

Jamais ils ne lui ont attribué les effets qu'on lui accorde de nos jours ni aucun autre effet.

Jamais surtout ils n'ont enseigné qu'elle est, dans les associations qui ne poursuivent pas de bénéfices, le sujet de droit véritable et nécessaire.

66. — La personnification fictive de certaines associations, la condensation en une seule personne fictive de certains groupes, ces jurisconsultes savaient bien que c'étaient eux-mêmes qui l'opéraient. C'était un procédé doctrinal, qui avait le mérite de résumer et peindre admirablement le régime de ces associations, d'en faciliter la conception et l'exposition.

Ils avaient observé ce fait remarquable que dans les grandes associations, dans les associations ouvertes (l'État, la Cité, le Collège professionnel...) par suite d'un régime statutaire qui ne convient guère qu'à ces groupes vastes et mobiles et qui rationnellement s'impose à eux, *tout se passe, dans les rapports avec les tiers, comme si tous les associés pris comme tels étaient une seule et même personne ayant pour tout patrimoine l'avoir social.*

C'est cet état de choses qu'ils exprimaient élégamment en feignant qu'en effet toute cette masse de personnes n'est qu'une personne. C'est tout d'abord une comparaison plutôt qu'une fiction qu'ils émettent : « *Vicem personæ sustinet ;* l'association tient lieu de personne, est considérée comme une personne. » Puis, pour les commodités de la pensée et du langage, ils passent de la comparaison à la fiction.

De cette comparaison, de cette fiction, ils ne tirent aucune conséquence pratique. Ils n'ont jamais eu l'idée de la regarder comme la cause d'une situation dont elle était au contraire la résultante.

67. — Ils traduisaient ainsi vivement des faits certains ; ils pratiquaient artistiquement la méthode d'observation. Ce n'était pas une idée générale ou une chose ou un mot qu'ils personnifiaient : c'étaient tous les associés que, dans certains cas, ils ramenaient fictivement à l'unité, parce qu'en réalité tous les associés, dans ces cas, se comportent, dans leurs relations juridiques avec les tiers, comme une seule personne.

Les modernes, eux, ne s'appliquent pas à observer les faits, ne s'inquiètent pas des différents régimes statutaires possibles, ne cherchent pas à peindre par une image précise une situation déterminée. Ils font de la métaphysique et de la mauvaise métaphysique, et mélangent à ces abstractions les créations arbitraires de leur seule imagination.

V

La vérité suivant moi. — 68. — Par le compte-rendu rapide et favorable que je viens de faire des idées des anciens telles que je les vois, on a déjà compris que, pour moi, la vérité est là.

Développons méthodiquement ces idées, qui, à mes yeux, ne sont pas seulement celles du passé, mais aussi celles de l'avenir. Eclipsées par les erreurs passionnées de la Révolution, elles reprendront leur place dans la science du droit, car la raison finit toujours par avoir raison.

69. — Groupons-les d'abord dans une définition :

La personne morale est une personne composée fictive, d'origine purement doctrinale, qui, dans les associations soumises à un certain régime, et pour les seuls besoins de la pensée et du langage, est censée propriétaire, créancière, débitrice, des biens, des créances et des dettes dont les associés comme tels sont réellement propriétaires, créanciers, débiteurs chacun pour une part.

70. — Entre cette définition et celles que donnent les théories régnantes il y a trois grosses différences.

D'abord la personne morale n'est pas présentée ici comme l'œuvre de la loi ou comme l'œuvre de la nature, mais comme un simple procédé doctrinal, comme l'œuvre volontaire de l'imagination de tout le monde et des jurisconsultes en particulier.

En second lieu, la personne morale, d'après notre définition, ne peut être légitimement ou correctement supposée que dans les associations soumises à un certain régime, très nettement déterminé, et non pas dans une association quelconque.

Troisièmement, d'après notre définition, la personne morale n'a aucune conséquence pratique, n'est cause de rien, n'ajoute et ne retranche rien aux droits des associés ; et ceux-ci sont toujours les seuls et vrais propriétaires des biens qu'ils appliquent à la satisfaction de leurs communs besoins ou plaisirs.

Reprenons et expliquons sobrement les trois idées qu'affirme notre définition.

Nature et origine de la personne morale. — 71. — La personne morale n'est pas une personne naturelle et vivante, car il n'y a dans l'association aucune autre substance, aucun autre être quelconque, aucun autre *moi*, aucune autre personne que les associés. C'est un point démontré.

La personne morale est une personne fictive.

Cette personne fictive n'est pas créée par le législateur, car le législateur n'a aucune raison de procéder à ce simulacre de création, ne l'a jamais fait jusqu'à nos jours, et, s'il le faisait, ne créerait rien du tout. C'est encore démontré.

De qui donc cette fiction est-elle l'œuvre ?

72. — Une fiction ne peut-être que l'œuvre d'un artiste.

La personne morale est l'œuvre d'un grand artiste : de tout le monde, des jurisconsultes, des praticiens, de tous ceux qui contemplent les associations soumises au régime que nous décrirons tout à l'heure.

Elle est née, elle naît dans l'esprit des hommes en face du spectacle que leur offrent ces associations.

L'observation et l'imagination, qui d'habitude sont ennemies, font une heureuse alliance, quand l'imagination se borne à être la servante de l'observation et à exprimer artistiquement ses constatations sans y rien changer.

C'est ce qui arrive ici. La fiction de la personne morale peint et résume admirablement les règles et les résultats d'un régime que toutes les associations peuvent adopter, mais que doivent nécessairement adopter et que seules en fait adoptent les grandes associations, les associations ouvertes, où l'on entre et d'où l'on sort facilement, dont les membres sont ou peuvent être une foule, les États, les communes, les associations professionnelles...

73. — La personne morale n'existe que dans l'esprit de l'homme. Elle n'a aucune réalité, aucune objectivité, elle n'est rien, rien d'extérieur au sujet pensant ; elle n'est qu'un procédé de la pensée.

**

Le régime personnifiant. — 74. — Quel est donc le régime qui appelle la fiction ?

Il se compose des trois règles statutaires suivantes, dont la première existe dans toutes les associations, dont la seconde existe dans la plupart, mais dont la troisième n'a de raison d'être et n'existe que dans les associations à nombreux personnel, dans les associations ouvertes. C'est donc cette dernière, plus rarement adoptée que les deux autres, qui pratiquement est le trait distinctif des associations personnifiables.

Première règle : les objets sociaux ne peuvent être aliénés ou engagés que par *tous les associés ensemble,* ou, ce qui revient au même, par l'administrateur, fondé de pouvoir de tous. L'aliénation totale ou partielle consentie par un associé isolé est nulle, au moins au regard de ses coassociés.

Deuxième règle : le paiement des créances sociales ne peut être poursuivi et reçu que par *tous les associés ensemble* ou, ce qui revient au même et est plus pratique, par l'administrateur, fondé de pouvoir de tous. Le paiement, total ou partiel, effectué aux mains d'un seul est nul.

Troisième règle : le paiement des dettes sociales ne peut être poursuivi que contre *tous les associés ensemble* ou, ce qui revient au même et est seul pratique, contre l'administrateur, représentant de tous, — et par conséquent *seulement sur les biens sociaux*, car toute poursuite sur les biens personnels d'un associé serait nécessairement une poursuite contre un seul.

74. — Il suffit de considérer l'association soumise à ces trois règles pour constater que, dans ses rapports juridiques avec le public, tout se passe exactement *comme si tous les associés pris en cette qualité ne formaient qu'une seule et même personne, ayant pour tout patrimoine l'avoir social.*

Les associés aliènent et promettent comme un seul homme, payent comme un seul homme, sont poursuivis comme un seul homme.

A distance, ils donnent la projection d'un seul homme, d'une seule personne.

A eux tous, comme le disent si exactement les anciens, ils jouent le rôle d'une personne, d'une personne unique : *Vicem personæ sustinent*.

75. — On a tout naturellement passé de la comparaison à la fiction. On a pris l'habitude de feindre que le groupe n'est qu'une personne. Par l'abstraction et la synthèse, l'esprit sépare, dans chaque associé, la qualité et les droits d'associé du reste de l'individu, et compose de toutes ces parties abstraites une seule personne, qui est la personne morale.

Cette personne composée fictive est distincte de chaque associé pris isolément, *distat a singulis*, comme disent les Romains ; mais elle n'est pas distincte de *tous* les associés pris comme tels, *non distat ab omnibus* ; elle est eux-mêmes condensés en un.

76. — Le régime qui donne lieu à cette comparaison et qui provoque cette fiction peut à bon droit s'appeler le régime personnifiant.

77. — C'est, comme il a été dit plus haut, le régime nécessaire de toutes les grandes associations, de toutes les associations ouvertes.

Il leur serait impossible de fonctionner si elles ne l'adoptaient pas.

Conçoit-on un Etat dont chaque membre pourrait être poursuivi isolément et sur ses biens personnels pour sa part dans les dettes sociales ? Cette part serait très difficile ou plutôt impossible à déterminer exactement, à cause des changements incessants qui se produisent dans le personnel de l'association et des accroissements et décroissements qui se succèdent sans trêve. Elle serait en tout cas infinitésimale, de quelques centimes ou millimes, pour lesquels l'associé aurait à exercer un recours contre la caisse sociale.

Conçoit-on une commune, un syndicat, dont chaque membre pourrait poursuivre ou recevoir pour sa part le paiement des créances sociales ? Là aussi on se donnerait un mal infini pour essayer de déterminer sûrement la part de chaque associé, et quelle part ? une part minuscule. Le débiteur serait exposé à des milliers de poursuites lilliputiennes, et la caisse sociale aurait autant de recours à exercer contre les associés, car ce sont des parcelles d'une valeur affectée à l'entreprise commune qu'ils auraient entre les mains.

Il faut de toute nécessité que, dans les grandes associations, les associés fassent bloc, qu'ils agissent tous ensemble par l'intermédiaire de l'administrateur, qu'ils ne puissent être poursuivis que sur l'avoir social et par conséquent tous d'un coup.

78. — Dans les petites associations, dans les associations fermées, composées d'un nombre fixe et restreint de personnes, le régime personnifiant est théoriquement possible, mais n'est jamais nécessaire et presque toujours serait nuisible aux associés. Il n'est pas nécessaire, parce que là les parts des associés ne sont ni difficiles à connaître, ni innombrables, ni minimes. Il serait nuisible à l'association, car les biens mis en commun par quelques personnes seulement ne forment pas une masse imposante, et le crédit de l'association serait faible si les associés ne répondaient pas des dettes sociales sur leurs biens personnels.

79. — En droit philosophique, en droit français, ancien ou nouveau et, en général, dans les législations modernes, les clauses qui constituent le régime personnifiant n'ont rien de contraire au droit commun et ne nécessitent aucun secours spécial de la loi. Les principes généraux des contrats, les principes propres du contrat d'association et ceux du mandat suffisent à produire, si les associés le veulent, ces combinaisons.

Ainsi, la limitation aux biens sociaux du droit de poursuite des créanciers sociaux découle tout naturellement de la liberté des conventions honnêtes et des règles élémentaires du mandat. L'administrateur n'a reçu pouvoir d'obliger les associés que sur les biens communs : les tiers qui traitent avec lui doivent prendre connaissance des termes de son mandat et de l'étendue de ses pouvoirs, et acceptent donc le gage limité qui leur est offert.

Dans un Etat purement monarchique, il est logique que le souverain assujettisse à la nécessité d'une autorisation spéciale la formation des associations qui admettent l'adjonction de nouveaux membres et dès lors adoptent le régime personnifiant. Mais il le fait à cause du nombre inquiétant que peut atteindre le personnel de l'association, de la force future de ce groupe, de sa perpétuité, et non à cause du régime qu'ils adoptent rationnellement pour leurs opérations juridiques.

Dans les démocraties, l'autorisation administrative des associations susceptibles de prendre une grande ampleur est un contresens ; elle est une précaution prise contre le peuple, contre le souverain.

Ce que le législateur, dans un pays libre, peut et doit faire, c'est d'assujettir, par des lois générales, la formation de ces associations à l'accomplissement de certaines conditions prudentes, inspirées cette fois, non plus par la préoccupation du nombre et de l'influence des associés, mais par le régime qu'ils adoptent ; ces conditions doivent avoir pour but de donner aux tiers des garanties sur l'existence et la conservation de l'avoir social, *seul gage* des créanciers, et d'assurer aux associés eux-mêmes une bonne gestion du patrimoine commun.

Mais si le législateur a le droit, suivant les cas, soit de se réserver l'autorisation spéciale de ces associations soit de conditionner par des lois générales leur formation, ce n'est pas lui qui rend possible et légitime en soi leur régime statutaire, et en le permettant il ne déroge pas au droit commun.

80. — En droit romain, il est vrai, le régime personnifiant déroge à un principe de droit commun, au principe factice que le mandataire ne représente pas le mandant. Ici l'administrateur représente ses innombrables mandants.

L'évidente nécessité pratique, l'impossibilité de réduire l'administrateur à exercer ou à subir des milliers de recours. avaient, dès l'origine, fait admettre sans objection la représentation des grandes collectivités, comme d'autres nécessités avaient fait admettre la représentation du chef de famille par ses esclaves ou par ses fils.

Ce n'est pas, du reste, une décision législative, c'est la coutume, c'est la force des choses qui avait introduit la représentation des Etats, des cités, des collèges.

81. — On serait mal venu à tirer du principe romain de la non-représentation un argument en faveur de la nécessité d'une personne fictive légale, à Rome, dans ces associations.

La personnification légale de l'association n'aurait pas d'autre résultat que de substituer la représentation de la personne fictive à la représentation des associés. Car il est bien certain que l'administrateur, le syndic, de la cité, du collège, ne s'oblige pas mais oblige directement la cité, le collège. Qu'on entende par cité ou collège un fantôme légal ou le groupe des associés, il est indéniable que la représentation fonctionne à Rome dans ces associations. La représentation d'une personne artificielle est-elle plus facile et moins éloignée du droit commun que la représentation de personnes véritables?

82. — Les traditions les plus certaines et les règles de l'art ne permettent de personnifier que les associations qui ont complètement adopté le régime décrit. Ce sont les seules qui, dans leurs rapports juridiques avec le public, se comportent *constamment* comme une personne unique.

Dans les autres associations, il y a bien certaines choses qui se passent comme si tous les associés n'étaient qu'une personne : ainsi l'aliénation d'un bien social ne peut jamais être consentie que par tous les associés ensemble ou, ce qui revient au même, par leur fondé de pouvoir à tous. Et le langage, toujours prompt à faire toutes les simplifications possibles, ne manque guère, en face de ces opérations, de personnifier momentanément l'association.

Mais pour que l'association soit personnifiée absolument, pour que la pensée, et non plus seulement le langage, la personnifie, pour qu'on dise d'elle sans réserve qu'elle est une personne, pour que nous puissions avec avantage nous la représenter à demeure et la présenter aux autres comme une personne, il faut que *toutes choses* se passent, dans sa vie juridique extérieure, comme si tous les associés n'étaient qu'un seul homme. Une fiction n'a de valeur et d'utilité que si elle est constamment d'accord avec les faits, que si la comparaison qui lui sert de fondement est toujours exacte.

Donc toute association dont les membres sont tenus des dettes sociales sur leurs biens personnels n'est pas correctement personnifiable, n'est pas une personne morale : elle ne peut pas donner la projection d'un seul propriétaire, d'un seul débiteur. La possibilité de plusieurs poursuites individuelles, sur des biens appartenant à différents propriétaires, dessine obstinément la silhouette de plusieurs personnalités et ne permet pas d'illusion d'optique.

Pour que l'illusion soit possible, il faut qu'on puisse dire que ce qui est dû par l'universalité des associés n'est pas dû par les associés pris un à un : *Quod ab universitate debetur non debetur a singulis.* Or, on ne peut pas dire cela si les associés peuvent être poursuivis sur leurs biens personnels.

83. — Une remarque très importante doit achever de nous faire connaître quelles sont les associations personnifiables et celles qui ne le sont pas.

L'association personnifiable étant celle où tout se passe, *dans ses rapports juridiques avec les tiers*, comme si tous les associés étaient une seule personne composée d'eux tous et *propriétaire des seuls biens sociaux*, il suit de là que l'association qui n'a pas de rapports juridiques avec les tiers et qui n'a pas de biens, deux faits étroitement corrélatifs, n'a pas l'occasion d'être personnifiée, n'est pas actuellement personnifiable, n'est pas, pour le moment, une personne morale.

Ainsi en est-il de quelques rares associations volontaires dont le but peut être atteint sans aucune dépense, comme une association de prières, et d'un certain nombre d'associations légales aux besoins desquelles le fisc pourvoit pleinement, comme un régiment.

C'est parce qu'elles n'ont pas de biens, ni actifs, ni passifs, qu'elles ne sont pas personnifiables, et l'École renverse la cause et l'effet lorsqu'elle dit que c'est faute de personnalité fictive qu'elles ne possèdent pas.

Une association qui n'a pas de patrimoine *n'a besoin d'aucun régime*, et, n'ayant pas le régime personnifiant, n'est pas personnifiable.

84. — La personnalité morale ou civile suppose donc nécessairement deux choses :

1° D'abord des biens appartenant à plusieurs personnes véritables et associées.

2° Le régime en vertu duquel tous ces propriétaires semblent être en tant qu'associés, dans leurs rapports avec les tiers, une seule personne composée d'eux tous et ayant pour tout bien l'avoir social.

85. — Par application de ce qui précède, il faut ranger dans les personnes morales :

1° L'État. Les biens de l'État sont nos biens, les créances de l'État nos créances, ses dettes sont nos dettes et nous en savons quelque chose L'État, c'est nous. Mais ces millions d'associés ont adopté, forcément et tacitement, le seul régime qui puisse permettre à cette colossale association de fonctionner : ils font bloc, et, représentés par le Prince, représenté lui-même par quelque fonctionnaire, aliènent tous ensemble, sont payés tous ensemble, payent tous ensemble : tout se passe donc comme si cette multitude d'associés étaient, en tant qu'associés, une seule personne ayant pour tous avoir la caisse sociale.

2° La commune. Les biens de la commune appartiennent vraiment à ses membres, ainsi que le dit exactement l'article 542 du Code civil. Mais comme, là encore, le régime personnifiant s'impose, ces biens sont *doctrinalement* censés appartenir à une personne unique composée de tous les habitants.

3° Le département. Il est une personne civile depuis qu'il a des biens, c'est-à-dire depuis 1811. Il est faux de dire que pour lui donner des biens le souverain a dû commencer par lui conférer la personnalité civile La vérité est qu'en donnant des biens aux membres de l'association départementale, qui sont parfaitement capables d'acquérir et de posséder, mais qui, vu leur nombre, ne peuvent adopter que le régime personnifiant, le souverain a rendu possible leur personnification doctrinale.

4° Les établissements publics, qui ne sont du reste que l'État lui-même, c'est-à-dire tous les citoyens, poursuivant avec une caisse spéciale et quelques rouages spéciaux un des buts de la Société civile.

5° Toutes les associations volontaires qui admettent l'adjonction de nouveaux membres et qui ont des biens. Peu importe qu'elles soient permises par une loi générale, comme les syndicats professionnels, ou par une mesure spéciale, comme les associations autorisées par le préfet (elles peuvent posséder, nous l'avons démontré), ou comme les associations reconnues d'utilité publique (entendez tout simplement autorisées) par le chef du pouvoir exécutif lui-même.

6° Les sociétés anonymes. Leur régime est justement le régime personnifiant. Elles l'adoptent à cause du grand nombre d'associés qu'elles comptent le plus souvent. Remarquons en passant qu'elles pratiquent à leur manière l'adjonction de nouveaux membres ; elles la pratiquent par voie de *substitution* de nouveaux associés aux associés primitifs, chaque associé pouvant, soit par transmission entre vifs, soit par testament ou succession *ab intestat*, céder ses actions à une ou plusieurs personnes. D'une certaine façon elles sont ouvertes ; on y entre et on en sort aisément. Par ce moyen, la société anonyme peut aussi facilement se perpétuer que les associations qui admettent l'adjonction proprement dite de nouveaux membres.

7° Enfin, les fondations directes. Nous avons vu que la fondation, *in actu*, est une donation avec charges faite à une quantité considérable de personnes, souvent à tous les hommes, et que le rôle du législateur consiste ici à organiser les moyens d'accepter la libéralité pour cette foule, qui n'est guère capable d'exercer elle-même son droit. Or, toute donation *avec charges* faite à plusieurs personnes, une fois acceptée, *associe* les donataires. La fondation, *in habitu*, est une vaste association. Le régime personnifiant s'impose à cette association : Ainsi les associés ne sont tenus des dettes sociales que sur le fonds social, les biens reçus du fondateur. La fondation est donc une association personnifiable, une personne morale.

86. — Toutes ces associations, admettant l'adjonction de nouveaux membres ou la substitution de nouveaux membres aux anciens, sont susceptibles de se prolonger indéfiniment.

Leurs biens, qui restent très longtemps ou même toujours entre leurs mains, appliqués à de vastes entreprises, sont appelés biens de main-morte, parce qu'ils sont immobiles. L'expression est fâcheuse, car elle inspire aux esprits superficiels la pensée que ces biens ont la stérilité de la tombe. Or, ces grandes et fortes associations sont les plus puissants foyers de vie et d'activité ; leurs biens sont les instruments d'une production intense, d'une production des choses les plus diverses, mais notamment des choses les plus précieuses de toutes, de science ou de savoir, d'éducation, de moralité, de sécurité, de santé, de liberté, d'énergie... Il n'y a pas de biens plus féconds, plus vivants et plus vivifiants que les biens de mainmorte. Le capital fixe est au moins aussi nécessaire à l'humanité que le capital circulant.

Les associations personnifiables, les personnes morales, sont donc en fait les mêmes groupes que désigne l'appellation de gens de main-morte ou personnes de main-morte.

87. — Ce sont elles aussi, sans aucune exception, que désigne, suivant nous, sous le nom d'établissements d'utilité publique l'article 910 du Code civil et qu'il assujettit, pour l'acceptation des donations, à l'autorisation du chef du pouvoir exécutif. L'histoire et la raison fournissent à l'envi des arguments pour le prouver.

88. — L'arrondissement et le canton ne sont pas des personnes civiles, car ils n'ont aucun bien. Ce n'est point parce qu'ils ne sont pas des personnes civiles qu'ils n'ont pas de biens. C'est parce qu'ils n'ont pas de biens qu'ils ne sont pas des personnes civiles.

Les sociétés en nom collectif, les sociétés en commandite, les sociétés civiles ne sont pas personnifiables, car tous ou l'un au moins des associés répondent des dettes sur leurs biens personnels, et dès lors tout ne se passe pas dans ces sociétés, au regard du public, comme si tous les associés n'étaient qu'une seule personne propriétaire du seul avoir commun. C'est à tort, contrairement aux traditions les plus certaines, contrairement aux lois de la pensée et aux règles de l'art, et, comme on l'a vu, sans aucune utilité, que les jurisconsultes de ce siècle personnifient *toutes* les sociétés commerciales et que la jurisprudence se met à personnifier les sociétés civiles. Seule, parmi les sociétés, la société anonyme est personnifiable, car seule *vicem unius personæ sustinet*.

**

Utilité de la personnalité morale. — 89. — Cette utilité est d'un tout autre ordre que celle que lui prêtent les jurisconsultes de ce siècle.

La personnalité morale ne produit aucun effet pratique, absolument aucun. Elle n'ajoute rien à la situation réelle des associés ; elle n'y change rien ; elle ne donne aucun droit, aucun avantage aux associés. Elle est l'expression imagée de cette situation, elle indique les droits et les obligations des associés envers les tiers ; elle n'en est pas la cause.

Loin d'être une cause, elle n'est qu'une résultante ; elle n'engendre pas un état de choses, mais est au contraire engendrée par cet état de choses, engendrée seulement dans l'esprit des spectateurs. Elle n'est que la projection de certaines associations sur notre écran intellectuel.

90. — Il y a certes des différences entre l'association personnifiée et l'association non personnifiée. Mais ces différences, qui ne sont du reste point celles qu'on indique à l'École, n'ont nullement pour cause la personnification ou la non-personnification ; elles précèdent cette opération de l'esprit et la commandent. Ce n'est pas parce que certaines associations sont personnifiées que ces différences existent : c'est parce que ces différences existent entre les associations que les unes sont personnifiables et les autres ne le sont pas.

91. — Si la personnalité morale ou fictive n'a aucune conséquence pratique, quelle est donc son utilité ?

Elle n'est pas considérable. Elle est d'ordre doctrinal et pédagogique.

L'utilité de la fiction, c'est de peindre et de résumer élégamment et fortement un état de choses, de lui donner du relief et de la couleur, de simplifier la description d'une situation compliquée. Elle est un excellent procédé de conception et d'exposition. Elle rend des services à la science et à l'enseignement.

On ne peut pas dire malheureusement que cet utilité est sans mélange : la fiction a contribué à faire naître dans l'esprit des modernes les quiproquos les plus étonnants et les plus regrettables.

Quelques conclusions. — 92. — Tout homme soucieux de la justesse de sa pensée et de son langage, et désireux de ne pas contribuer à prolonger d'énormes et désastreuses méprises, doit s'abstenir, pour exprimer qu'une association possède, de dire qu'elle est « investie de la personnalité civile », et, pour réclamer au profit des associations le droit de posséder, de dire que la loi doit « leur accorder la personnalité civile ».

Ces habitudes de parler, qui existent depuis trop longtemps, même chez les partisans les plus convaincus de la liberté d'association, dérivent de cette inconcevable erreur que, pour les hommes associés, le droit de posséder dépend d'une fiction, et d'une fiction légale, et qu'il est par conséquent artificiel lui-même. Or, il est aussi naturel que le droit de posséder des hommes non associés et n'a besoin d'aucun mécanisme factice.

Ce qu'il faut réclamer du législateur, pour les hommes associés, ce n'est pas la personnalité civile, simple image de la structure de certaines associations, et image qu'il ne dépend pas de la loi de rendre exacte et légitime et qui n'est du reste d'aucune utilité pour l'association même ; ce n'est pas non plus le droit de posséder, qu'ils ont naturellement ; c'est la reconnaissance de ce droit et l'abstention de toute restriction arbitraire.

93. — Il est antiphilosophique de comprendre les personnes morales dans la division des personnes. C'est ce qu'ont fait pourtant tous les auteurs de ce siècle et plusieurs Codes récents, notamment le nouveau Code de l'Empire allemand.

Ni les jurisconsultes Romains, ni ceux de l'ancien droit, ni notre Code civil n'ont commis cette faute contre l'observation et la raison.

La personne morale est une personne fictive. Une personne fictive est une personne qui n'existe pas, une personne qui n'en est pas une, qui n'est rien. Comment peut-on comprendre parmi les personnes des personnes qui n'existent pas ? Quelle science a jamais classé parmi les êtres des êtres fictifs ?

Objectera-t-on que la personne morale signifie et désigne des personnes véritables associées dans certaines conditions ? C'est vrai, mais, à ce compte, diviser les personnes en personnes physiques et en personnes morales revient à les diviser en personnes physiques et en personnes physiques encore mais envisagées dans une situation particulière, ce qui est une division antiscientifique.

Il n'y a point sur terre d'autres personnes que les personnes physiques, que les hommes. On peut les subdiviser, mais on ne peut leur opposer une autre catégorie de personnes. La personne, c'est l'homme, et toute autre définition de la personne est inutile et erronée.

94. — La personnalité morale n'étant qu'un procédé de la pensée provoqué par l'aspect de certaines associations, et nullement un acte de l'autorité souveraine, les sociétés et associations étrangères sont personnifiables, sont des personnes morales, à la même condition exactement que les sociétés et associations nationales, à la condition d'avoir adopté le régime personnifiant.

Les États étrangers, les communes étrangères, les associations professionnelles étrangères, les sociétés anonymes étrangères, sont aussi correctement personnifiées par l'esprit des Français que l'État français, les communes, les sociétés anonymes françaises.

Quant au droit de posséder, les sociétés et associations étrangères, qui ne sont que des hommes liés entre eux par certains engagements, l'ont en principe et tout naturellement. Le législateur peut le restreindre mais ne le donne pas, et les restrictions, là aussi, ne doivent avoir rien d'arbitraire.

Arras. — Imprimerie Sueur-Charruey, rue des Balances, 10.

www.ingramcontent.com/pod-product-compliance
Lightning Source LLC
Chambersburg PA
CBHW060512050426
42451CB00009B/944